Auteurs :
Dominique Foufelle
Catherine Rambert
Sonia Staebler
Michèle Soldevila

Illustrateurs :
Didier Cabaret
Fabienne Gallois
Thierry Nouveau
Valérie Pettinari
Jean-Christophe Raufflet
Patrick Royer
Christian Staebler
Sophie Surber
Natacha Toutain

Directrice de l'édition : Béatrice Capelle
Éditrice responsable : Sophie Landais

Hachette Collections
43, quai de Grenelle
75905 Paris Cedex 15
ISBN collection : 978-2-84634-134-9
ISBN ouvrage : 978-2-84634-159-2
Loi n°49 956 du 16.7.1949 sur les publications destinées à la jeunesse
Achevé d'imprimer / date de réimpression : avril 2009
Imprimé par Pollina, France - n° L49932A
Dépôt légal : août 2006

Pour l'éditeur, le principe est d'utiliser des papiers composés de fibres naturelles, renouvelables, recyclables et fabriquées à partir de bois issus de forêts qui adoptent un système d'aménagement durable.

En outre, l'éditeur attend de ses fournisseurs de papier qu'ils s'inscrivent dans une démarche de certification environnementale reconnue.

y comme Yann

et

z comme Zoé

Après cette visite au zoo, vous devez être fatigués, dit maman. Au lit !

Yann et Zoé ferment les yeux et s'endorment.

Le frère et la sœur se retrouvent, dans un rêve, sur le dos d'un zèbre.

Nous allons au zoo, il faut calmer la zizanie, dit le zèbre.

C'est qui Zizanie ? demande Zoé.
On dit pas qui, on dit quoi, se moque Yann.

La zizanie, c'est la pagaille,
l'informe le zèbre.

Yann et Zoé pénètrent dans le zoo.

Ils se font arroser par un éléphant un peu zinzin qui asperge tout le monde.

La girafe, pas du tout contente,

a le cou en zigzag.

Un peu plus loin, Zoé et Yann éclatent de rire devant les serpents qui font des zéros.

Dans la **zone** réservée aux singes, des bébés singes jouent au **yo-yo**.

Ils se moquent de l'autruche
qui chante en zozotant...

« Ze zuis la plus zolie des zautruches ! »
zozote l'autruche.

Mais tous ces animaux s'ennuient, dit Yann.
Il faut les emmener en promenade.

Alors Zoé et Yann, sur le dos du zèbre,
sortent du zoo.

Ils sont suivis de l'éléphant zinzin, de la girafe avec le cou en zigzag...

… des serpents qui font des **zéros**, des singes qui jouent au **yo-yo** et de l'autruche qui **zozote**.

Quelle jolie bande de zigotos !

Oh, zut, il va falloir rentrer,
dit le zèbre.

Yann et Zoé disent au revoir à leurs amis un peu zazou.

Vous êtes réveillés, mes chéris, dit maman.
Oh, quelle jolie plume !

On te la donne, disent Zoé et Yann,

c'est une plume d'autruche qui zozote.

Les autres mots

Zorro

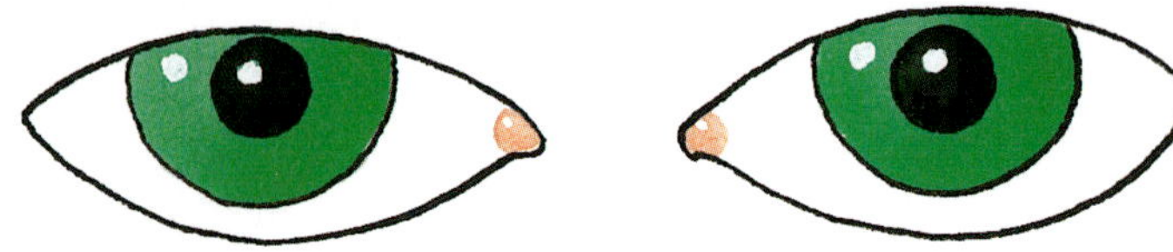

Yeux

Yacht

de Yann et Zoé

Zébu

Yaourt